DESDE EL ABISMO

Hernán Valladares Álvarez

DESDE EL ABISMO,
VERSOS INVÁLIDOS

Hernán Valladares Álvarez

DESDE EL ABISMO,
VERSOS INVÁLIDOS

Prólogo de
LUIS ALBERTO DE CUENCA

colección

| NON OMNIS MORIAR |

Desde el abismo, versos inválidos
Hernán Valladares Álvarez

Colección: NON OMNIS MORIAR

Dirección editorial: Ilia Galán

Cubierta:
Réplica tratada de *El caminante sobre el mar de nubes* (h. 1817),
Caspar David Friedrich

EntreAcacias, S. L.
[Sociedad editora]
c/Palacio Valdés, 3-5, 1ºC
33002 Oviedo - Asturias (ESPAÑA)
Tel. (centralita): (+34) 984 300 233
info@arspoetica.es | pedidos@arspoetica.es

1ª edición: diciembre, 2018

ISBN (edición impresa): 978-84-17691-26-4
ISBN (edición digital): 978-84-17691-27-1
Depósito Legal: AS 04005-2018

Impreso en España
Impreso por Quares

A quien nada conceden los dioses,
ése es libre.

PESSOA

PALABRAS
PARA HERNÁN

Luis Alberto de Cuenca

Recibo un juego de pruebas de *Desde el abismo*, el libro de versos que, instigado por Inma, «esa amiga de una raza superior a la humana», ha compuesto Hernán Valladares como complemento indispensable de otro libro suyo, *El arte de estar vivo*, donde se cuenta la historia del accidente padecido por él en Querétaro (México), de resultas del cual quedó tetrapléjico. Nada más recibir *Desde el abismo* por e-mail, lo paso a papel y lo leo de principio a fin, consciente de que de esa primera lectura habrían de surgir estas palabras liminares, dictadas por la emoción que siento al surcar las páginas de este nuevo libro de Ars Poetica en su colección «Non omnis moriar», dirigida por Ilia Galán. Hablo en presente, porque mi inmersión en los versos de Hernán Valladares se instala en un presente eterno, que es el momento en que se produjo el terrible accidente, que cumplirá el 11 de abril de 2019 su sexto aniversario.

Tendríamos que ampliar el campo semántico del término 'emoción' para explicar lo que he sentido al leer este libro de Hernán, un libro que es un grito, un alarido, un *baladro* similar al proferido por Merlín en el texto artúrico así titulado, un clamor que surge de la angustia de un hombre, de su indefensión ante la crueldad del destino. Pero también el grito de alguien que, con ayuda de la escritura y del cariño que le dispensan sus familiares y amigos, es capaz de vivir esa angustia cotidiana de otra manera y de crear belleza con unos versos tan necesarios como bien urdidos que conmueven al lector desde su impecable factura literaria y su radical y rotundo desconsuelo. Porque Hernán Valladares es ese *Caminante sobre el mar de nubes* de Caspar David Friedrich que aparece en la cubierta y en la portada del libro, en el que se dice que el pintor alemán quiso representar a su hermano muerto y del que emanan tantas historias melancólicas como queramos fabricar al respecto, dada la polisemia del cuadro, una de las obras maestras de la pintura universal.

Aliado con Friedrich, con su dolor y con la esperanza, tamizada de brillos y oscuridades, que supone, al final, seguir con vida, va Hernán contándonos su tragedia y ofreciéndonos motivos para entender lo que pasa por su cabeza, que al final se fusiona con la cabeza de cada lector, convirtiéndolo en confidente y en cómplice de su desamparo. Un desamparo que se plasma en versos tan bellos como esas liras a la Parca presididas por una consoladora cita del gran Epicuro, o como «Mercedes», o como «Permanencias», dos de mis poemas favoritos, aunque todos me hayan conmovido y aleccionado hasta los tuétanos. De manera que el bálsamo de la literatura surte efecto, a la postre, y cumple con la función que le fue encomendada desde siempre: aliviar penas por el procedimiento de desplegarlas, de exhibirlas, de mostrarlas ante el lector, «su hermano, su semejante», trayendo a colación medio verso de Baudelaire.

Me siento orgulloso y feliz de haber transitado por los versos de *Desde el abismo* con el dolor y la complicidad suficientes como para haber penetrado en el tejido personal que le da su razón de ser. Y agradezco al infinito laberinto de los efectos y las causas haber podido unir mi nombre al de mi amigo Hernán en una misma entrada bibliográfica: este libro terrible y, también, sabio y luminoso, que tienes en las manos, *hypocrite lecteur*.

Madrid, 18 de diciembre de 2018

Dedico este libro a
Hernán Valladares Álvarez,
nacido en Madrid, 1970,
y muerto en Querétaro, México, 2013.

PRESENTACIÓN

Este poemario está compuesto como paralelo poético a mi libro *El arte de estar vivo*, obra donde se narra la historia de mi accidente de motocicleta en Querétaro, México, del que resulté tetrapléjico, allá por la nefasta fecha del 11 de abril de 2013. Hace alrededor de tres años y medio me dio la idea Inma, esa amiga, inverosímil mujer, de una raza superior a la humana; la idea de escribir un poemario correlativo, como si fuera un encefalograma del alma que abarcara el tiempo en el que escribía el otro libro narrativo-ensayístico. Y poco a poco, gránulo a gránulo, dolor a dolor, melancolía a melancolía se han ido destilando estos versos cuya mayor virtud o defecto es su espontaneidad. Veracidad. Nada del estilo por el estilo. Más que nunca, el alarde técnico queda relegado por la necesidad expresiva.

El desove del ánimo. Aunque a veces la arquitectura del poema, endecasílabos, heptasílabos, haikus, regularidad rítmica, ¡y hasta rimas! (no sé de dónde carajo me han salido, pues las infrecuentaba, debe ser cosa de la invalidez), ciertos cimientos métricos, también ayudan a distraer la mente de la sordidez de los hechos y concentrarla en algo que se encuentra fuera de este mundo y nos posee; desviar, mientras dura el proceso de creación, el punto de mira del centro omnímodo del dolor. Se construye un humilde templo en cuya técnica sustentamos la emoción en su punto más quebradizo.

Seguramente resulten desiguales unos poemas y otros. Desigual hasta la monstruosidad ha quedado su autor.

Madrid, 28 de febrero de 2018

POEMAS

LOCURA Y CORDURA

Lento arriesgo las fichas de mi instinto,
del león el músculo de prófugo,
y trato de emplazar a la cordura
a la arena suicida de un circo
donde no claman clemencia los romanos.
Combate a muerte con su hermana la locura,
y son fiera y mártir mutuamente.
Pero es un baile sutil donde el público está sordo
y las gradas son blandas meninges donde reposa el tiempo
como la lava de un volcán.
No importa dónde acabe esta batalla,
juegan a favor la arena, la locura, la cordura
y el cielo azul que arriba me protege.

CENIZA DE LA BRUMA

Hasta los hombres más devotos,
las lenguas más orantes,
los cuerpos donde aparentemente
el incienso más se impregna
y desprenden el aroma de una carne
de alcobas en sombra y labios
que acarician con palabras sosegadas
como de pan para el hambriento;
las más religiosas de las santas,
los menos pederastas de los clérigos
que ni en sueños albergan los estupros,
todos son cuerpos que gozan de ser cuerpos,
células eucariotas de orgránulos innobles,
fugaz materia sin destino.

Nada importa para este devenir sin atributo.
Ningún mito nos exime
de este exánime desaliento de estar vivos
apenas por una trillonésima de angustia.
Y más que nadie yo,
donde es la inanidad

consumación de todos los fracasos,
ceniza de la bruma.
Infinitamente un cero de dolor
inexistente ya desde su condición
de mórula o cigoto o entresijo.
NADA.

A MÉXICO

(Para leer mientras suena al fondo débilmente Huapango *de* Moncayo *o* La noche de los mayas *de Silvestre Revueltas)*

Guanajuato, Querétaro, Comala,

Distrito Federal y Cuernavaca,

Pátzcuaro, Jalisco, Zempoala,

Sonora, Mazatlán y Tamaulipas...

Qué sé yo, son nombres que resuenan

y les dicen a mis genes que no hay tiempo,

que emigré con ida y vuelta a mis ancestros,

que ni soy de allá ni soy de acá

ni de este calcinante centro.

Como dice el corrido, yo prefiero

que al pie de los magueyales

me entierren,

y no en un arcón de tabla;

sí que me cubra la tierra,

no sé si de hombres cabales,

sí una tierra mexicana;

donde vengó mi nombre el azar,

sólo por llamarme Hernán.

Que debajo de un nopal incierto
mi carne desaparezca
y mis huesos se confundan
con la arena del desierto.

ABRACADABRA

Mi único descargo es la palabra,
cerrar los ojos como haría un muerto,
y en esta condición de cuerpo yerto
seguir resucitando por un abracadabra.

BATALLA CONTRA LA DISTANCIA

Para Rubén Castillo, de H; en Madrid,
a 26 de septiembre de 2014

Desde frágiles saeteras,
cortan en el aire las flechas
un aliento del alba rezumado por la tierra.
Campo abierto,
alborea un horizonte de adivinada curvatura
lila y cárdena.
Avanzo hacia el castillo
en el aire de Coyoacán
sin esquivar ni una sola de esas puntas
impregnadas del dulce veneno de la vida.
Viajes, andanzas y rosas suspendidas en el aire.
No ando ni andaré sobre las aguas,
sin milagros,
mi conquista nada tiene que ver con golpes, asedios y
                                      [traiciones;
se ha convertido en piélago el otoño de bosques y praderas,
y el mar inabarcable no negocia condenas.

Cerrar los ojos, volver la vista atrás,
hacia la tierra,
llegar de nuevo e imaginar que la distancia ya no existe,
que el gas azul que nos redime
hace presencia cuanto nombra;
que en la noche de hondura y de diamantes
palidece la torva ley de la distancia.

HABÍA APRENDIDO

Por fin, cuando sabía lo que era
el placer de vivir sin más complicación
que el día a día y aliado con un carácter inconstante
evadí los vicios más inmoderados
y me bastaba la *jam session* de mi reproductor,
un vaso de whisky y un cigarro
para satisfacer mis más recalcitrantes hedonismos,
cuando por fin había aprendido
que también los placeres se domeñan
como dóciles animalitos indefensos
y retozar con mi mujer era bastante,
y hacer buñuelos los domingos
a mis hijos
era una ofrenda máxima,
y miraba con desdén la conquista de los reyes,
los oros, las glorias imprudentes
de una historia trufada de patanes,
cuando invité a Benjamin Franklin a mi escritorio
y me compuse trece leyes propias
como un pueril y envanecido Rudyard Kipling,
y Montaigne y yo nos arreglamos

para reconocer en cada acto cotidiano

un pretexto para el goce,

cuando Epicuro se hizo norma

y el viento de la vida empujaba la embarcación a mis

[antojos,

llegó el azar avieso

y a la vuelta de un cruce de caminos

me hirió sin el lujo de la muerte con sus cuernos de metal

Satanás, o algún sicario de los dioses,

y me tiró del caballo como a un Saulo

sin fe ni fatuidad ni designios improbables,

y me robó casi todo en la vida,

agarrotó mi cuerpo,

me asexó definitivamente,

privó de la caricia a mis dos manos

y me dejó la inteligencia sola

en una isla donde habita náufraga sin alas.

Mis amigos me visitan,

condenado a vivir con el enigma.

Le vendo el alma a quien la quiera.

MAR CANTÁBRICO

(Pensando terminar todo este asunto en Llanes, Asturias)

Es buen momento, inmejorable, ahora
que ves con displicencia tu futuro,
mirar atrás, muchacho, y darte cuenta,
y darte cuenta de que nada es cierto.
El mundo era un banquete y Garcilaso,
con un ramo de rosas ofrendado,
trepando la muralla quedó mudo,
como un héroe o un mártir, como Cristo,
divinizó su vida en tres decenios
y se hizo inmortal por morir joven.
Ya me escapé de casa cuando era un niño
y he viajado en autostop por la meseta;
podríais empujarme al mar Cantábrico,
que ha visto mis peores ebriedades,
testigo del amor y de los besos.
Arrojadme al vacío del paseo
con nombre de piedra frente al Cuera.
Recíbanme las olas de mi infancia,
que se cumpla mi condena de muerte

por haber perpetrado este delito
de haber vivido intensamente todo:
amores, alcaloides y aventuras.
Si es tal alacridad y tan a fondo
mis átomos han sido convidados,
que el fondo de ese juez inabarcable
me reciba como un pecio de placer,
y no condena. En salitre me pierdo;
el mundo recorrí, valles, mesetas:
echadme al mar desnudo y sin cadenas,
arrojarme al vacío del paseo.

MERCEDES

Te he dedicado pocos versos.

Preside, reina, impregna, invade,

todo lo llena, el aire todo

es una sustancia tuya, es vibración de ti,

amada mía, textura de un deseo innombrable,

de una gloria que alcancé a tocar y me cubrió,

me cubriste como dedos de aurora

y ahora que el momento ya no existe,

que se ha fugado el hoy y te me has ido…

Tu imagen fresca reverdece

tantos instantes inseparables, juntos,

tantos labios, tu cándido perfil de niña inquebrantable

y esa mirada tuya, alas de una mariposa de azabache.

Soñé que lo decías como se pide el pan de cada día,

mirándome a los ojos cotidianos,

«te quiero», me decías.

Era la música del cielo.

Te tuve, me tuviste, nos tuvimos

sin saber que era nuestra la Tierra y sus jardines,

no desdeñando, sin desagradecimiento,

compañeros y amantes, un solo cuerpo,

un libar con las miradas al mismo punto dirigidas
la copa del amor al horizonte.
Cuando era apenas púber me enseñaste
tus manos, me las diste y me salvaste.
Ahora comprendo el propósito
—no sé si es tarde— de darte cuanto pidas,
de propiciar perpetuamente tu sonrisa,
que tu alegría hubiera sido mi única conquista
obsesiva, ciega, loca,
haberme dedicado a sembrar de flores donde pisas
y suspenderte en el aire para engañar a la edad siempre
                                                    [implacable.
Perdóname por esta sombra
que me ha transido a pesar mío.

Te he dedicado pocos versos
porque es inútil intentarlo,
y sólo una palabra te asemeja,
de una sola manera pronuncio cuanto albergas
y ese vocablo es tu nombre,
amada mía.
Es tu nombre la fórmula exclusiva.
No hay praderas ni flores ni paisajes,

no hay luz ni claridad ni nada,

sólo tu nombre,

sólo tu nombre,

igual que aquella vez sobre la arena

¡tòdo lo puede el mar, todo lo borra!

Sólo el recuerdo nos queda. No lo niegues.

SACRIFICIO O CONDENA

(Recordando la juventud temprana por rincones de Llanes)

Me he visto por sucios callejones arrastrado
solitario transeúnte de locura
con los ojos estrellados contra fachadas de piedra,
vómitos en rincones de aristas y adoquines familiares,
como viejos amigos arqueológicos,
hasta llegar a una ría putrefacta
y purificar sus aguas con una meada tóxica
como un rayo de sol;
los pasos en la noche,
los amigos desperdigados por antros y garitos
riéndole a las chicas palabras inaudibles
por el volumen de ritmos descastados,
implacables jueces del estruendo
por quienes quedaba condenado al ostracismo
de los pasos en la noche,
más solo que la mazmorra del olvido,
aullando como Ginsberg
entre rincones, callejuelas y calzadas,
portales, fachadas, el mundo todo un laberinto

incognoscible, sin noción de la hora
ni la fecha ni la propia identidad,
huérfano entre los plátanos del paseo
destilando un dulzor de baba.
LSD.
Los pasos en la noche
imparables propiciaban sórdidos escenarios
y mi ropa hedía a alcohol,
al pis reseco de la existencia humana,
hedía a vagabundo sin lavabo;
pero la perturbada sombra de esa pesadilla,
la búsqueda inconsciente de un trágico presagio,
la trágica búsqueda de un presagio inconsciente,
exorcizar los genes a costa de naufragios,
¡diablos familiares, Moloch travestido de cándida
                                        [ignorancia,
Belcebú cobijado en las almohadas de la buena
                                        [educación!
Y «cuatro esquinitas tiene mi cama,
cuatro angelitos que me la guardan…»
trataban de hipotecarte los temores,
la razón y el amor propio
sine die.

Pero una rebelión inapelable sobrevino
por el despeñadero;
antes deshebrar los sesos macerados en la noche obsesiva
que persistir adormecidos los sentidos en un lento suicidio
de la propia libertad e inteligencia.
Hasta que ya no pudo más el individuo
y el cuerpo vencido buscó disolverse en la distancia sobria;
que me asistan los muertos al instante
en esta postración precipitada
y, muertos los demonios, ahora sí, también los de la carne,
Moloch insatisfecho de mis nalgas neonatales,
voraces sus manos sin mi cuerpo liberado por la astucia,
me alce en brazos de la nada para gozar antes de tiempo
de un futuro de sombras promisorias,
me devore al fin, Moloch.

Luz del alba, Oriente primigenio,
desiertos de ubérrimas arenas
donde cada mota de polvo extracta el Universo,
iluminad de oscuridad, de alacridad,
al discípulo necesariamente ascendido a vuestro altar.

ENTRE RESCOLDOS

Esa mota de polvo que se adhiere,
mimética, invisible, sin matices,
en la ruina infinita de la historia,
que quiere estar unida indivisible
al dolor, las torturas, a la guerra,
a tantos sinsabores en un cosmos
en cuya dimensión no se computan
las miserias del hombre, sus desdichas.
En ese inmenso túmulo de mierda
donde se hacinan mudos los cadáveres
sin nombre, aterriza mi cuerpo exhausto
y su condena, y la insignificancia
de todo aquello que se ignora siempre
para poder seguir viviendo. Luz
que nunca advierte en esta otra ribera
de tinieblas resquicios que ensombrezcan
su hermosura, la hermética hermosura
de lo vivo. Y aunque este pesar tan hondo
presida mis instantes, aunque engrose
tan ligero la sórdida distancia
de la dicha y el plomo que me invade

emita sin cesar sus alaridos,

ciego optimista, miserable, sordo,

le seré infiel a toda metafísica

e insistiré en arder por cada aurora,

le miraré a los ojos al amor

aunque esté hueco, agotaré la vida

que aún me queda furtiva entre rescoldos.

CANTO A LA VIDA

Veo atrás y me adelanto:
qué densidad de posibilidades
tuvo la vida, cuánto
viví con mis edades
y aún más podía haber vivido. Cuánto.
Por eso debe ser que la amo tanto.

Qué posibilidades
tuvo la vida; cuánto viví. Cuánto
podría en mis edades
seguir viviendo, ¡cuánto!
Por eso debe ser que la amo tanto.

Cantan Jobim y Joan
Gilberto «Desafinado» o «La chica
de Ipanema»,
y en lapsos donde va
por un siniestro pozo nuestra vida,
un optimismo raro aún nos grita
que este grotesco ser vale la pena.

LIRA A LA PARCA

No hay que temer a la muerte; cuando estamos nosotros
y por tanto nuestra sensibilidad, ella no está; y cuando
está ella, nosotros ya no estamos ni tampoco nuestra
sensibilidad ni capacidad de sufrimiento.

EPICURO

Supongo que es sencillo

pensar que todo cuanto nos sucede

en este tiempecillo,

mirando atrás tan breve,

en pilares de arena se sostiene.

Que es todo un sinsentido.

Que en el regalo oculta su condena

la vida y todo el ruido

que se alberga y suena

en cada esquina es para darnos pena.

Si miramos de frente,

torvo el rostro aparente de la parca,

veremos que nos miente

y es hermosa su marca

cuando toca, nos besa y nos embarca.

Sólo dolor confiere

cuando ha llegado el día y nos esquiva;

lacera, daña, hiere,

es mucho más altiva

si te ve, devasta y deja el alma viva.

SOY DIOS

Recuerdo campos verdes y terrenos
baldíos, crepúsculos violáceos
imposibles de creer.
Sobre mi Intelecto se agrupan orbes
milenarios — por eso la mayúscula — .
Si no hubiera nacido,
ni el mundo existiría ni los hombres.
Son dones concedidos por mi gracia.
Mi voluntad consagra.
No murmuréis, mezquinos e ignorantes,
exégesis paupérrimas, absurdos
bisbiseos, oscuros
pentagramas, en un intento sordo
de encriptar esas notas sin materia.
Hernán es un seudónimo
sobre quien, Uno, pende la existencia,
y en horizontes pendulantes veo
brillar arena y polvo
como un fulgor de oníricos oasis;
porque soy Dios negando su existencia.
Me iré cuando Yo quiera.

PERMANENCIAS

Llamera, norte de León, verano de 2015

Entre este cielo azul de Castilla del norte,
las verdades se funden con los gases más nobles
del espacio total; bajo un claro fenómeno,
al tiempo que desciendo entre pequeños robles
trazando cada curva mi cuerpo paralítico,
doblada la cerviz, extremidades muertas.
Un lamentable icono. Naturaleza muerta
sin la gracia del lienzo, este árbol sincopado
(poeta sin belleza). Bebo a través de un plástico,
meo a través de un plástico, he usurpado una concha
de dolor no más feo que su cuerpo de plástico,
sus ruedas ortopédicas. Todo resulta horrendo.
Ser más condescendiente, mi pródiga indulgencia,
funciona exactamente contra la ley divina,
tormentas o ciclones: es aplicable al otro,
mas nunca me resulta eficaz frente al espejo.
Y en tanta claridad lo mineral me llama.
Tetrapléjico y solo, recuerdo a mis dos hijos,
que dejo atrás, acaso a algún kilómetro,

en el jardín y el zaguán de la vieja casa;
saltan, juegan y se ríen, la plenitud los dota
de inextinguibles llamas, tan lejos de mí mismo.
Como un muñeco roto me inclino hacia los lados
en este carricoche donde mendiga el cuerpo,
la escueta carretera, al fondo recortadas
verdiazules laderas, descendiendo hacia el río.
Vuelvo a pensar en ellos. Quiero legarles algo.
Antes de que la noche me derrumbe por siempre
o la profundidad del río amado y frío.
Y con temor del verso y de su arquitectura
quiero atreverme y lo hago, con osada abstracción
obstinadas proclamas en segunda persona
pronunciar desde el pecho todavía cargado
de esta temeridad inarrancable y mía:
criaturas nuestras, Blanca y Guzmán ¿en qué momento,
por qué instante azaroso surgisteis de la nada
y en este centro roto permanecéis invictos
con la sonrisa plena clavando permanencias?
Sin milagros, trompetas, sin misterios ni mitos
que os permitan, llegáis como llega la aurora
preñada de futuro y no hay otra razón
ni otro sentido dado; pero hacéis anidar

el imposible sueño de conceder la vida

y habernos hecho dioses creadores de otros dioses.

Buscad sólo la dicha mientras dure el milagro,

que os colmen los azares de esta gloria cautiva

en cada punto, en cada valle, bajo este cielo

donde os fundís vosotros con los gases más nobles.

No se puede querer como yo os quiero. Tanto.

En el fondo del río mi corazón se quiebra,

vuestro latir me nace. Lo mineral me espera.

VEREDICTO

Querría que algún sabio me dijera,
en Oriente, en Occidente,
más allá de las esferas candentes,
territorios inhóspitos plagados de abstracciones,
querría que algún yogui, algún faquir,
los indios de Sonora
o los derviches,
que se me revelara,
que el mismo Cristo me afirmara
si un templo sin pilares, ni ruinas tan siquiera,
apenas despojo de despojos,
ceniza de cenizas,
si este agrupamiento de hierros y cadenas
supone todavía la bendición de ser
o simplemente la vida se ha resuelto
en un estercolero de condenas.

DOCE HAIKUS MÁS DOS

1.

Esta grisura,

ocre se torna otoño,

todo está en ruinas.

2.

Lejos florecen

pretéritos los prados;

agrio el presente.

3.

El arcoíris

en medio del camino,

pluma sin pájaro.

4.

Cimbra el castaño

y sombrea el camino,

tu sexo ha muerto.

Achille Etna Michallon (1816)

5.

Al cementerio
nacen mirtos y dalias
entre los muertos.

6.

Palpita el mundo,
flores, alba y praderas;
muero en su orilla.

7.

Los bosques rojos
clama el cuco a la noche,
llora el cadáver.

8.

Se pudre el sol
en aguas invernales:
nada florece.

9.

Bajo las aguas
arrojo un gran pedrusco,
dentro olvidado.

10.

Juntos andando
entre hayas te amaba.
Se hiela el agua.

11.

En el camino
te nombran los arándanos
mientras yo muero.

12.

Yerto y oscilante
colgar de un viejo roble
mañana quiero.

13.

Tanto he vivido,
que los helechos lloran
mi infinito ábaco.

14.

Calientes, limpios,
feliz mi cráneo y huesos
sobre el desierto.

Tiermes, verano de 2011

AMOR SENSIBLE

Los bosques invernales
y todo cuanto intacto permanece
rezuma entre sus sombras,
de un lecho de hojarasca,
un aliento gélido, demasiado parecido
al de la muerte. Te nombra el recuerdo
y sé que nos amamos sin esquirlas
en la piel, un gaudeamus de labios
y caricias. Tu cuerpo y mi cuerpo,
tus manos y las mías,
los dedos de los pies: todo era lodo
resbaladizo y suave y dulce y nuestro.
Dos hiedras enlazadas
de densas, siempre verdes, hojas blandas.
Ni fibras ni membranas
quedaban relegadas al olvido.
Con los ojos quemábamos las sábanas
enardecidos por pétalos
de amor y aquella sensibilidad
—sin atisbar la sombra de su pérdida—
de la que éramos testigos sin palabras,

artífices del roce

u orfebres de la risa;

nuestro tacto de glorias ascendidas.

No la putrefacción

de este cadáver sediento de veneno.

DESIDERATA

Que se pudra la nieve,
se deshidrate el mar
y la noche se quede sin estrellas.

Si tanto como yo te quise,
dulce existir, palpitación
de las horas, los hombres y paisajes,
ha terminado en esta costra oscura que me encierra,
¿qué otro deseo esperas de este condenado?

HIJA DE ARÍSTIPO

*Areta de Cirene (siglo IV a.C.), hija de Arístipo de Cirene
(ciudad helénica en lo que hoy es Libia), fue una filósofa
de la escuela cirenaica, escuela precursora de distintas
ramas del hedonismo, incluida la de Epicuro.*

Areta de Cirene, ven y dame un último beso, somnífero y letal, un placer soberbio, como un millón de orgasmos, o todos los que durante este tiempo he dejado de tener, seguro que más de mil y de dos mil, todos sintetizados en uno solo como una explosión solar; dámelo todo para después propiciar el último y definitivo estertor, deleite, gozo último, placer más allá de la conciencia. Que fenezca por sobredosis de amor este cuerpo inhabitado.

SIRIO

Sirio es la estrella más brillante del firmamento,
inserta en la constelación Canis Maioris

Gime torva la Tierra en sus cimientos
y el cielo convoca la mirada;
yace el santón sobre las dunas
reconociendo el nombre de las constelaciones,
conversando familiar con las estrellas.
Hasta escuchar el ladrido del Perro Mayor.
Le pide a Sirio,
brillante entre las brillantes,
que le otorgue
una oquedad completamente ciega,
la negritud de algún rincón inexplorado,
inexplorable nunca, por siempre negritud,
y del espacio formar parte
infinitesimal hasta la nada;
extirpado por fin de esa tu luz inextinguible.
De cualquier luz ser extirpado.

DEO GRATIAS

En esta circunstancia te quiero dar las gracias,
entre la incomprensión y esta inopinada
equidistancia,
querencia por la vida y por la muerte.

A ti, Dios inexistente...

PARÁFRASIS SOBRE UN TEMA DE BRETT SPARKS

> *Morir en el desierto y convertirse en hueso y*
> *minerales limpios, eso quiero.*
>
> HERNI VALVAREZSKY, *La orgía de los días*

De mesetas y cerros polvorientos
se ciernen sus sombras inminentes,
escondida entre las zarzas
sin dioses incendiarios,
oculta en un arbusto venenoso de creosota.
Ella, con la parsimonia del no tiempo,
se divierte entrelazando sus espinas
contra el hirviente sol,
y sólo con rozar su piel
mis dedos comenzaron a sangrar
como los de un Jesucristo sin mañana
de resurrección; sin Padre ni condena,
en el desierto solo yo
y mi sangre, de soledades calcinados.

Mudo el crepúsculo, bajo una luna de fósforo,
llegué caminando con el viento,
doblado por mi angustia,
con el único improbable objetivo
de ver florecer el cactus de pétalos letales.
Me sedujo el deseo de lo ignoto
y me arrojé a las espinas del arbusto,
bajo el baile amenazante de las sombras.
Me acarició la temblorosa mano de la muerte.

Sobre las rocas todavía ardientes
por la postrera luz del sofocante día
las víboras se desenroscan
y los lobos vendrán para arrastrar mis huesos.

Por fin y para siempre ascenderemos juntos
atravesando la silente arena;
serán tus ojos entonces las estrellas
y mi amor por ti será
el viento que las mece sobre el manto
oscuro de la noche.

SED DE VENGANZA DE UN TETRAPLÉJICO LLAMADO JOHNNY SPARKS, EN QUIEN EL AUTOR SE SIENTE CASI DEL TODO IDENTIFICADO

> *[...] por Navidad, muerta estación,*
> *en que los lobos viven del viento*
> *y uno no sale de su rincón*
> *por las heladas, junto al fuego,*
> *quise con fuerza romper*
> *la muy amorosa cárcel*
> *que a mi corazón hacía padecer.*
>
> François Villon

En estos días de escarcha,

este invierno sin piedad,

cuando en los montes

hasta los lobos mascan viento,

si me pudiera escapar

y dejar todo cariño en la estacada,

abandonar a todos

como un rufián, un malandrín,

intoxicado de rabia hasta a las flores,

egocéntrico y errante

como un coyote sanguinario,

si pudiera colgar el hábito
de «qué buen hombre»,
salir por la ventana
o por la puerta
y nunca más volver al hogar que ni siquiera tengo,
si pudiera, maldita sea, ser yo mismo nuevamente,
desprovisto de esta escafandra
inmóvil, del dolor y la miseria,
y largarme para siempre
para vivir al borde del placer y la locura,
vengarme de esta muerte inacabada y ciega,
de quienes yo más quise,
y como un dios devorador
atropellar vírgenes doncellas
hasta dejar exangües sus pechos y sus labios,
repletas sus caderas de un ardor de gruta,
y travestido en animal cruzar el mar
y nunca más hablar con ningún hombre
ni mujer más de dos veces,
siempre cambiando de lugar
hasta perderme en un bucle de alcohol
y vicios sin medida;
si no estuviera tetrapléjico,

retiraría mi amor hasta a mis hijos,

y a mi esposa devolver mi anillo

burlándome en su cara

del tiempo que habrá de hacer de ella

una mujer con los dientes podridos

y la piel sin tersura,

unos pechos de cabra del desierto

y una conversación

más aburrida que la de su progenitora...

Si viene Satanás, sin nada a cambio,

me voy con él hasta el infierno.

Y que se joda el mundo con mi ausencia.

ESTILETE DE FIGURAS RETÓRICAS PARA TU AMOR

Te amé como una hipérbole del infinito,
pero la vida vino con sus paralelismos
y me ha dejado como un oxímoron de humano
y tu calor se apaga como una alegoría
de la angustia. Anáfora de cada día:
dolor sin pleonasmo de dolor,
prosopopeya de quien todo lo ha perdido;
aliteración de esas flores de loto que me alelan.
Epítome de la existencia,
pulverizada en esta elipsis de promesas.

A VUELTAS CON EL SUICIDIO

¡El mar amado, el mar apetecido,
el mar, el mar y no pensar en nada!

MANUEL MACHADO

Un vigoroso ejército asalta de nuevo la fortaleza de nuestro cuerpo. Su arma más poderosa es la realidad, esa evanescencia que aun sin existir se impone. Los dolores, la sensación de rigidez, las estacas clavadas en la parte superior de nuestro cuerpo y en nuestros brazos nos hacen recordar que estamos reducidos a un escombro. En alguna ocasión nuestras fuerzas contrarrestaban las del enemigo. La fuerza del amor. Pensar en nuestros hijos, en mis hijos, en Guzmán y Blanca. La presencia más o menos fantasmal de nuestros amigos más queridos. Pero hay mañanas en las que despertar de nuestros sueños de la noche es regresar al infierno. Veníamos de soñar que escalábamos montañas o deambulábamos libremente por ciudades milagrosas. No existía el dolor ni la parálisis ni la inmundicia.

Pero abrimos los ojos, despierta la conciencia y todo esto reaparece.

De nuevo, sin desesperación, de un modo perfectamente racional, volvemos a pensar en la erradicación. El último soborno a la existencia: ofrecer nuestra vida a cambio de una paz inconsciente. La nada. ¿¡Y nuestro vitalismo, este apego a la vida, al sonido de los pájaros y el sol, a nuestros amigos viejos los filósofos, pensadores y constructores de ficciones redentoras! ¿Qué fue de todo ello?! El pago parece desproporcionado. Nos resistimos. Un derivado sintético del opio administrado en una dosis demasiado prudente hace su efecto. Qué necia, en este límite de lo insufrible, que todavía tenga redaños para gobernarnos la Prudencia: «vieja solterona, rica y fea, cortejada por la Incapacidad». El dulce amigo Opio no erradica el dolor físico pero disipa en cierto grado un malhumor profundo como una sima; jugueteamos incluso con la idea de pertenecer al mismo club que laudánicos colegas como Thomas de Quincey, Samuel Taylor Coleridge o Arthur Conan Doyle.

Si conseguimos sumergirnos con cierta fortuna en la lectura de algún texto mientras fumamos un pequeño puro, el ritual completo contribuye al engaño de pensar que seguimos viviendo. Que el placer todavía existe. Con algún problema que otro, ¿verdad?, pero seguimos vivos. Comprendemos que entre nuestros compatriotas los sufrientes no somos los más desafortunados. La asistente que nos limpia por la mañana nos habla de otras personas en estado mucho más calamitoso, inmersos en un proceso de degeneración inhumana. Son enfermos y su enfermedad avanza; mientras que nuestra lesión es una herida mal curada. Algo estancado. Por culpa de una ciencia médica infantiloide, que parece mostrarse satisfecha por alargar la vida aunque sea de un modo imperfecto. La esperanza brota como flor de un día. Luego, desaparece y pasamos el día distrayendo la catástrofe. «Otros desearían tu suerte», nos llegan a advertir.

Hay días en los que volvemos a desear la desaparición, y se encadenan unos a otros durante un periodo relativamente insoportable. Y entonces, ni siquiera la evocación de nuestros hijos parece suficiente. Se cruza la idea de rogarle a algún amigo valiente que nos empuje al otro lado, hacia el bando victorioso de la materia inerte. Debelan con denuedo apegos y desapegos, vitalismo y muerte.

El acceso al suicidio es un as en la manga de los desesperados y la gran contrariedad es que ni siquiera nosotros contamos con esa carta mágica. Ni siquiera nos es demasiado factible decidir por propia voluntad provocarnos la muerte. ¿Podría alguien recomendarme algún librito con *100 formas de suicidarse un tetrapléjico*? Y si puede ser que provoque a risa, mejor.

Se nos ocurre acudir a una forma de suicidio civilizado. Viajar a Suiza, hacer todos los trámites pertinentes, pagar el dinero necesario y que nos administren una droga letal en condiciones de una máxima amabilidad cívica. Pero esto provoca repulsión. Qué muerte tan poco hermosa. Se recuerdan, sin ninguna literalidad, versos enmohecidos de aquel Lord Byron hiperromántico: mejor morir sobre la fresca hierba al borde de un acantilado que postrado entre las sábanas de un frío hospital. Pero qué importaría la hermosura, la indecente hermosura de la muerte, un segundo después. Lo que importa es ese segundo de después. Ya no existe la incertidumbre de Hamlet, *to be or no to be*, tan desvanecida como la teoría geocéntrica. Y entonces nos detenemos. No queremos perdernos la oportunidad de contemplar un nuevo día más. Este don concedido por un azar tan improbable, nunca valorado en su justa proporción, sin medición posible.

Lo más parecido a la muerte bayroniana sería arrojarse por ese acantilado. Quién sabe, tal vez algún día lo encontremos. En la precipitación hacia el vacío, el mar ofrendándonos su inmensa mano fría y salada, nuestro último pensamiento iría dedicado a quienes más quisimos. Y la última percepción sería la del gozo exquisito de la vida. Moriríamos de amor.

AMOR EN EL VOLCÁN

Bajo el volcán
MALCOLM LOWRY

Como un muñeco de vudú
clavado de espinas venenosas,
igual que los arpones de las garras
de una mantis religiosa
desgarrando mi cuerpo sin clemencia,
así me desperté de un sueño interrumpido
por cornadas de dolor.
En los entreactos de esta parodia de hombre
que arrastro a la deriva
con insolente pertinacia
te me apareces, amor, en todo el esplendor
de aquella juventud que te adornaba.
Regresas al corazón de mi inconsciente
con la piel tersa y tostada en tus veranos de piscina,
y tu mirada de ojos negros taladrando
mi amor de lobo en celo.
Leves los bordes de tus pechos menudos
asomaban un poco de blancura
cuando te hacía alzar un brazo,

prolongación de unas axilas de marfil.

Eres entonces la niña de mis sueños

que inspiró mis cándidos poemas de novato.

Donde ha hecho plaza esta decrepitud

de virutas oxidadas

siento el desdén de tus caricias que ahora me niegas

en la muchacha que entonces me dio todo.

Desplazo el desamor de tu mirada

a aquellos días de rosas sin espinas.

Y me despierta el timbre de la puerta,

no el gallo de la aurora

de aldeas innombrables donde te amé en silencio.

Vienen a limpiar al muñeco de vudú.

Y cuando quiero darme cuenta,

expelido de mi martirio mudo,

aquella niña de mis sueños

es mi esposa que protesta

porque llega tarde a su trabajo,

mientras con unos guantes de látex

alguno de tus dedos ya maduros

remueve mis heces en el alma

que ahora se agrupa como un nido de orugas

en un sieso semejante al de un cadáver.

Así de cruel es nuestra historia,
amada mía. Y te llevan las prisas
con nuestra hija al retortero.
Ese fruto de tu vientre que en una noche de ardor
introduje en tus entrañas de vidas concedidas.
Te vas, en intervalos de abandono.
Compongo estos versos entre corrientes de lava
y te sigo queriendo, amada mía,
incesante en el volcán de tu recuerdo.

DESTIERRO

Han pasado cinco años y unos meses
desde la última vez que en nuestro tálamo
de gorjeantes lirios perfumados
me diste tú la mano
y yo tomé tu brazo,
tus piernas y tu cuerpo,
y excavé tus arenales como un topo
torpe, exhausto, ciego, loco,
un animal extraño
en la tierra de tu piel y las suaves
acariciantes fundas nórdicas,
hechas celadas de estampados
con flora de Dioscórides.

Han pasado más de cinco años
de condena con privación de orgasmos,
exiliado de las dulces playas de tu epidermis.
El ya viejo Odiseo se regocija
comparando las tribulaciones
de su regreso hasta Penélope
con mi tortura de inconcebibles dioses,

entendiendo que fue una aventura pueril
la de sus naves;
que las sirenas, Polifemo
o las islas de Escila y de Caribdis
son juegos para niños,
trampas en un parque de atracciones;
que el Hades es un jardín de infancia para idiotas
y el centro calcinado se encuentra en este cuerpo,
epítome de todos los infiernos.

DESCANSO

Se agrupan las orugas urticantes
a lomos de este fragmento vivo,
la ciénaga del cuerpo malherido.
En el sollozo enmudecido
se ciernen las bridas de metálicos aguijones
y una superstición, un espejismo,
un optimismo equívoco se alberga:
¿habrá respiración o droga o artimaña
faquir para este duelo
de oscura permanencia?
Huele a música final este minuto
de aspiraciones doblegadas
y en el frío de bosques inmediatos
esta noche de congeladas estrellas
los druidas se mofan en silencio
con sus conjuros de hogueras criminales.
¡Tanta vida! ¿Dónde queda?
¿En qué brasero de recuerdos ¡tanto amor!?
Que ya se pulverice esta carne
sin más dueño que la noche;
que cese la tortura de las tardes

de espinas calcinantes
y albergue algún desierto
estos huesos de alegre calcio sin sentido,
calientes bajo la tierra
sin calor;
sin dolor,
arqueológico esqueleto de la nada.
No ser. No estar. Por fin el polvo
prometido.
Hermosa calavera entre las rocas.

ÍNDICE

Esta obra poética de
Hernán Valladares Álvarez
terminó de componerse dentro
de las colecciones de
ARS POETICA
en el día 21 de
diciembre
de 2018

Solsticio de Invierno